I want to dedicate this book to my brother and father who inspired me in every phase of life and shaped me into who I am.

ख़्वाहिशें

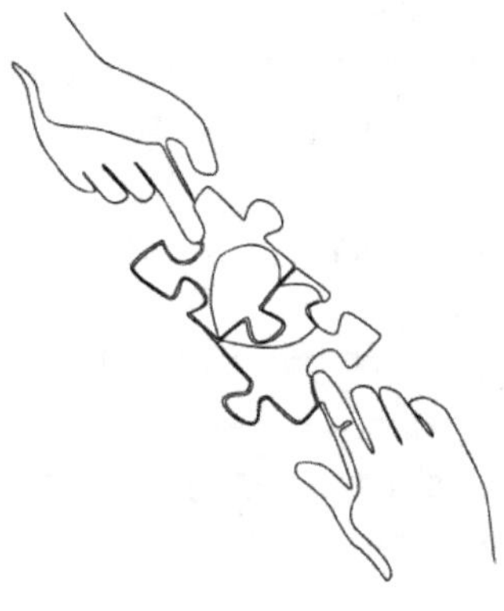

मेरी ख़्वाहिशों को तूने कुछ इस तरह नीलाम कर
दिया
हर वो शाम जिस पर सिर्फ मेरा हक़ था तूने किसी
और के नाम कर दिया
हर वो लम्हा जो तुझे सिर्फ मेरे साथ बिताना था
हर वो वादा जो तुझे मेरे साथ निभाना था
हर एक वो कसम जो तूने मेरे साथ जीने की खाई थी
तूने हर उस कसम, हर वादे को बेजान कर दिया
मेरी ख़्वाहिशों को तूने इस तरह नीलाम कर दिया

वो बातें जो तू बस मुझे बताना चाहती थी
वो रिश्ता जो तू बस मेरे साथ निभाना चाहती थी
और वो प्यार जिस पर बस मेरा ही हक़ था
तूने वो प्यार वो रिश्ता किसी और के नाम कर दिया
मेरी ख़्वाहिशों को तूने इस तरह नीलाम कर दिया

मैं तो बैठा रहा तेरे वादों के सहारे जो मुझसे किये थे तूने
वो हसीं दिनों के सपने जो दिए थे तूने
वो जब कहा था तूने की मुझ पर बस तुम्हारा हक़ है
तूने चुन-चुन कर वो हर सपना, हर हक़ किसी और के नाम कर दिया
मेरी ख़्वाहिशों को तूने इस तरह नीलाम कर दिया

मुझे देता रहा झूठे दिलासे बस यूँ ही हर पल
और फुर्सत का हर लम्हा किसी और के नाम कर दिया
जो रिश्ता बनाया था पूरी दुनिया से बढ़कर हमने
उस रिश्ते को दुनिया में तूने इस तरह बदनाम कर दिया
मेरी ख़्वाहिशों को तूने इस तरह नीलाम कर दिया

कश्मकश

जानता हूँ तू मेरा नहीं है, मगर इस दिल को ये कौन
समझाए
रोज़ लेकर बैठता है वही पुरानी यादें रोज़ सपने
सजाता है कहीं से तू आ जाए

रोज़ याद दिलाता है वो तेरा अपनी गोद में मेरा सर
रख कर उँगलियों से मेरे बाल सहलाना
वो हर बात पर मुझ पर अपना अधिकार जताना, वो
मेरी बेहिसाब परवाह करना
यूँ रोज़ छोटी-छोटी बातों पर वो मेरे साथ लड़ना, वो
रोज़ रात भर बेशुमार बातें करना
रोज़ फिर वही कश्मकश इसे समझाने की कि अब वो
सब नहीं रहा
रोज़ फिर ये दिल उसी ज़िद पे अड़ जाए

फिर खाता हूँ रोज़ तुझे याद न करने की क़समें
ऐसी ही क़समें जो तूने भी खाई थी मेरा साथ कभी न
छोड़ने की

दुनिया से परे मेरे साथ एक नई दुनिया जोड़ने की
अब तेरी उस दुनिया का हिस्सा मैं नहीं रहा
पर दिल अभी भी ले बैठता है उन पलों को जब तू
पहली बार मेरे पहलू में आई थी
कैसे मेरे सीने से लिपट कर कहा था मेरा साथ कभी
मत छोड़ना
कैसे तेरे माथे पर आई वो दो लटें मैंने अपनी उँगलियों
से हटाई थी
कितनी मोहब्बत थी उस पल में जैसे पूरी कायनात
उसी लम्हें में उतर आई थी
कैसे अब इसे समझाऊं कि अब वो सब भुला दिया
जाए
समझा भी लूँ फिर कहीं से ज़िक्र तेरा आ जाए

वियोग

महसूस तू भी करेगा इस तपन को जिस तपन में जल
रहा हूँ मैं
आएगा तू भी इन्ही राहों पर एक दिन आज जिन राहों
पर चल रहा हूँ मैं

महसूस तुझे भी होगी ये घुटन इस तरह दूर हो जाने
की
तड़प तुझे भी मिलेगी, मुझे इस इस तरह तड़पाने की
आएंगे याद तुझे भी वो पल हमारी मोहब्बत के
महसूस तुझे भी होगी ये घुटन इस तरह दूर हो जाने
की

कोशिश तू करेगा फिर उन पलों को वापस लाने की
याद करेगी तू भी वो बातें मेरे साथ मुस्कुराने की
लाख समझायेगा तू दिल को फिर बातें मुझे भुलाने
की

कोशिशे बेकार जाएँगी पर तेरी मेरी यादों से दूर जाने
की

एक चुभन महसूस होगी तेरे दिल को भी हर पल
रोज़ सोचेगी तू उन लम्हों, उन पलों को जो साथ
बिताये हमनें
रोज़ जलेगी तू भी पश्चाताप की आग में
तू भी कोशिशें करेगी उस पल में मेरे पास आने की

कोशिशें

उसके बाद हमें चैन कहीं पड़ा ही नहीं
उसके बाद ये दिल कहीं लगा ही नहीं
खालीपन कचौटता ही रहा हर वक़्त हमें
इस दर्द में आराम कभी पड़ा ही नहीं

वो झांकता ही रहा दिल के सुनसान कोनों से
उसके बाद दिल को कोई जंचा ही नहीं
उसकी यादों ने साथ कभी छोड़ा ही नहीं
उसके बगैर किसी के लिए कोई अरमान जगा ही नहीं

वो यूँ तो दूर बहुत है हमसे
उसे पाना भी अब हमारी पहुँच से दूर है
पर जिस कदर वो दिल में बस गया था हमारे
उस के दिल से अपनापन कभी गया ही नहीं

मैं यूँ तो कोशिशें करता बहुत हूँ उसको भुलाने की
उसे इस दिल से बाहर ले जाने की
पर हर कोशिश का अंजाम एक ही होता है
वह रूह तक शामिल है मुझमें हर कोशिश बेकार है
उसे भुलाने की

नक़ाब

उसकी कहानी वही जानता होगा
औरों ने तो बस अंदाज़े लगाए हैं
वो किस दर्द से गुज़रा है, क्या बीती है उस दिल पर
उसने क्या खोया है, किस ग़म के उसके चेहरे पर साये
हैं

दूर से देखने पर अंदाज़ा कहाँ होता है
कि किस संघर्ष की कहानी छुपा रखी है उसने
कि कितनी बार टूटे दिल को छुपाया है उसने
कि किस्मत ने उस पर कितने कहर ढाये हैं

मुस्कराहट बयां कहाँ करती है
जो दर्द दिल की गहराईओं में छुपाया है उसने
चेहरे के अंदर चेहरा, दिल के अंदर समुंदर है
पर आँखों तक आने कहाँ दिया उसने
वो जो जज़्बात दिल की सुनसान वादियों में छुपाये हैं

अकेलापन कितना भारी है उसकी ज़िंदगी पर
झूठे वादे झूठे लोगों ने कितना दर्द दिया है

देखने भर से समझ कहाँ आता है
अपने दर्द और तन्हाईयों को वो कितनी शिद्दत से
छुपाये हैं

अभिशाप

जीवन की इस दौड़ में रोज़ थपेड़े खाता हूँ
हर जीवन की अभिलाषा से यूँ ही वंचित रह जाता हूँ
हर रोज़ कोशिशें करता हूँ, हर रोज़ स्वप्न सजाता हूँ
फिर रोज़ बिखरते सपनों की भव्य चिताए सजाता हूँ
निराशा साथ निभाती हैं अंधकार में खोता जाता हूँ
अपमान रोज़ सहता हूँ असफलताओं से घिरता जाता
हूँ
पर जीवन के इस अभिशाप से मुक्ति नहीं पाता हूँ

असफलताओं की लपटें जलाती हैं
खुद पर ही क्रोध जताता हूँ
रोज़ नए मन से भरकर
कोशिशों के बाँध बनाता हूँ
फिर बाढ़ कहीं से उठती है
बांधो को बहा ले जाती है
असफलता फिर शून्य पर ले आती है
स्वप्नों की चिताए फिर जलाता हूँ
पर जीवन के इस अभिशाप से मुक्ति नहीं पाता हूँ

बदलते मौसम

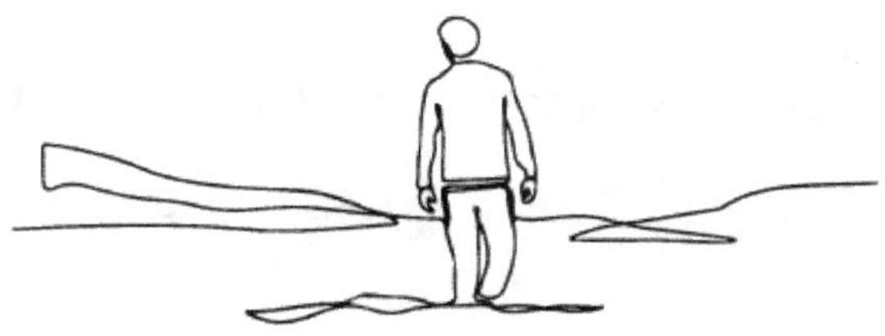

वो जो गीत था तेरी मेरी मोहब्बत का उस रोज़ किसी
और को गाते देखा
वो हर हक़ जो तुझपे सिर्फ मेरा था किसी और को
जताते देखा
उस लम्हे की तड़प को बयां कैसे करूँ
जब तुझे किसी और की बाहों में जाते देखा

मैं बेबस इतना था उस पल में की कुछ न कर सका
मैंने खुद ही दिल को अपने अरमान जलाते देखा
नींद जैसे रूठ गई मुझसे हर ख्वाब टूट गया
तुझे किसी और के साथ नए ख्वाब सजाते देखा
मैं तो तड़पता रहा अकेले तन्हाइयों में अपनी
तुझे किसी और के साथ महफ़िलो में जाते देखा

सिर्फ मेरा होने का दम भरता था यूँ तो तू हर पल
उस रोज़ तुझे खुद को किसी और का बताते देखा
मुझसे बेहिसाब मोहब्बत के जो दावे थे तेरे
उस दिन तुझे चुन-चुन कर उन्हें दफनाते देखा

वो जो कहता था तू की तुम ही दुनिया हो मेरी
ज़माने से फर्क नहीं पड़ता मुझे
तुझे उस रोज़ उसी ज़माने के सामने मेरा नाम
झुठलाते देखा
और वो जो कहा करता था तू कि सिर्फ तुम मेरे अपने
हो
उस रोज़ तुझे मेरा नाम गैरों में गिनाते देखा

यादें और मैं

सांसें चल तो रही हैं मगर ज़िंदा नहीं हूँ मैं
ये अजीब इत्तेफ़ाक़ मेरे साथ हो रहा है
यूँ तो सब कुछ वैसा ही है तेरे जाने के बाद भी
पर न जाने क्यों इन आँखों में सैलाब हो रहा है

यूँ तो उठ जाता हूँ अब भी हर रोज़ सुबह
भले ही तेरा फ़ोन न आए
पर अब दिन-दिन सा नहीं रहा
बस यूँ ही रात हो रहा है

यूँ तो जानते हैं तू किसी और का हो गया है
पर न जाने क्यों वो तेरा हर बात पर कहना
कि बस मेरा है तू हर बार याद आता है
न जाने क्यों तेरे उन वादों, उन कसमों का तमाशा
मेरे ख्यालों में सरेआम हो रहा है

मुझे याद है तू कैसे तड़प उठता था
अगर कुछ देर मुझसे बात ना होती थी
अब ना जाने कब से ना बात हुई ना मिले
अब ना जाने कैसे तुझे आराम हो रहा है

और यूँ तो बेहिसाब कोशिश करता हूँ मैं
इस दर्द को दुनिया से छिपाने की
यूँ ही झूठा मुस्कुराने की
पर ये दर्द अब संभलता नहीं मुझसे
महफ़िलो में अब ये सरेआम हो रहा है

किस्मत

रोता रहे चाहे कोई कितना भी कितने भी कोई आंसूं
बहा ले
कितना भी जुदाई की तड़प में खुद को कोई जला ले
वो मिलता नहीं है जो होता नहीं किस्मत में
पाने की कोशिशों में चाहे कोई खुद को भी मिटा ले

तड़पता रहे भले हर पल कोई किसी की यादों में
जलकर भले उसकी दूरियों में अपना हर अरमान
मिटा ले
सजा देता रहे कोई खुद को ख़फ़ा कोई लाख हो खुद से
दूरियां भले खुद से लाख कोई बना ले

जानते सब हैं पर दिल को कैसे कोई समझा ले
धड़कन को भला दिल से कोई कैसे जुदा करा ले
जो बसा हो हर कतरे, हर कोने में दिल के
यादों से भला उसकी कैसे दिल पीछा छुड़ा ले

वजह हो जब कोई जीने की आदत हो कोई दिल की
उसके बिना जीना कैसे कोई खुद को सिखा ले
ले गया जो अपने साथ समेटकर हर अरमान इस दिल का
जाने के बाद उसके कैसे दिल फिर से सपने सजा ले

अंतर्मन

अभी-अभी तो मिले हैं कुछ लम्हे तो साथ गुज़ार
अभी न कर बात जाने की प्यार करना है बेशुमार
अभी जीना शुरू किया है हमने
अपने ख्वाबों अपने अरमानों को संवार

अभी न तोड़ इस दिल को ऐसे करके बात जाने की
अभी-अभी तो जागा है इसमें तेरे प्यार का खुमार
अभी तो एहसास हुआ है तू ज़िंदगी है मेरी
अभी छोड़ कर ऐसे बीच राह में यूँ अरमानों को ना मार

अभी तो जुड़ा है ये दिल तेरे दिल से
अभी तो तोड़ी है इसने ये दूरियों की दीवार
अभी न तोड़ इन वादों, इन कसमों को
अभी-अभी तो आया है मुझे तेरे वादों पे ऐतबार

अभी न कर बात हमसे गैर होने की
अभी-अभी तो किया है हमने तुझे अपनों में शुमार
अभी न दिल की दुनिया को ऐसे उजाड़ कर
अभी-अभी सजाए हैं इसमें तेरे साथ जीने के ख्वाब
हज़ार

इंतज़ार

यूँ तो उम्मीद नहीं तेरे आने की फिर भी तेरा इंतज़ार करता हूँ
तेरी यादों में डूबा हूँ बस तुझ-ही पर मरता हूँ
उम्मीद न हो भले ही तेरा मेरे हो जाने की
अब भी हर पल बस तेरे ही सपने बुनता हूँ

करता हूँ प्यार तुझसे इतनी शिद्दत से मैं
कि तेरे न होने की तड़प में दिन रात जलता हूँ
करता हूँ उधेड़बुन हर पल बस तुझे पाने की
रोज़ कोशिशों की नाव लेकर दूरियों के समंदर से लड़ता हूँ

करता हूँ खुद से ही बातें बैठकर घंटो अकेले
समझाता हूँ दिल को तू आएगा एक दिन
फिर ढूंढ लेता हूँ बहाने खुद ही तेरे न आने के
अपने बनाए बहानों पे ही फिर खुद ही ऐतबार करता हूँ

पछतावा

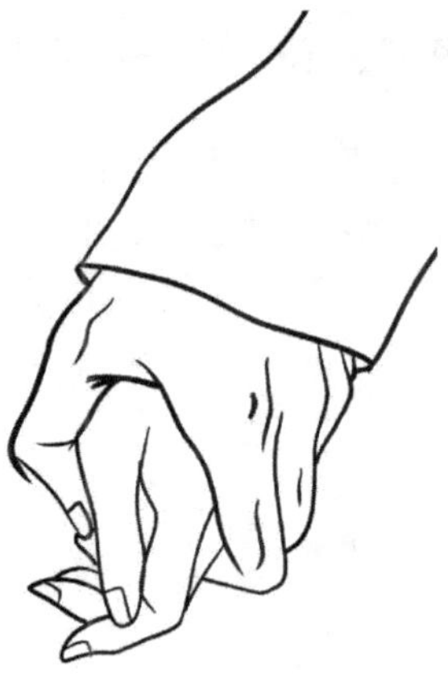

मन सा भर गया है अब मोहब्बत के नाम से
अब बस मैं छूटना चाहता हूँ इस बेवजह के तामझाम
से
अब इंतज़ार नहीं रहता हैं हर पल तेरा फ़ोन आने का
तू जैसे गायब सी हो रही है मेरे सुबह शाम से

वो जो चाहा था तुझे बेपनाह टूटकर
वो जो खो गया था तुझ-ही में निकलना नहीं चाहता
था
हर पल रहना चाहता था तेरे ही साये में छुपकर
वो जो लुटा दी थी तुझ पे मोहब्बत मैंने अपनी सारी
अब दम सा घुटता हैं मेरा उस मोहब्बत के अंजाम से

वो हर बात जो तेरी मेरे लिए सब से ज़्यादा ज़रूरी थी

वो तेरी हर चाहत जो कभी मेरे बिना अधूरी थी
वो जो कहता था तू हर बात पर कि मेरे बिना जी नहीं
सकता
अब जो देखता हूँ तुझे जीते हुए मेरे बिना किसी और
के साथ
वो जो तेरे साथ बिताई थी कभी
अब पछतावा होता है मुझे उस हर एक सुबह शाम पे
मन सा भर गया है अब मोहब्बत के नाम से

दुविधा

जाना है तुझे अगर चला जा तेरा ये फैसला भी मंज़ूर है
पर प्यार ये मेरा तुझे याद आएगा ज़रूर
भूलने की कोशिशें तू चाहे कितनी भी कर ले
मेरे प्यार का एहसास तुझे छू जाएगा ज़रूर

जब भी कभी तेरी ख़्वाहिशों को सहारा न मिलेगा
जब भी कभी तेरे दिल को प्यार का किनारा न मिलेगा
जब भी कभी तोड़ेगा कोई तेरे अरमानों को
तेरी हर ख्वाहिश के लिए मेरा दीवानापन तुझे याद
आएगा ज़रूर

जब भी कोई तेरे सामने नाम लेगा प्यार का
तुझे छू जाएगा कोई झोंका मेरी याद का
जब भी तोड़ेगा कोई तेरा भरोसा
तुझे याद आएगा ये दौर मुझ पे बेहिसाब ऐतबार का

भूल सकता है अगर तो भूल जा तू खुश है तो यूँ ही सही
तेरी ख़ुशी से बढ़कर वैसे भी कोई ख्वाहिश ना थी
पर तेरी आदत है, मेरा प्यार तू ढूंढेगा हर एक में मेरे ही प्यार को
फिर जब ना पाएगा कहीं इस प्यार को तू फैसले पर अपने पछताएगा ज़रूर

संघर्ष

दुश्मनी सी है ज़िंदगी को हमसे, ज़िंदा तो रखे है पर
जीने नहीं देती
कोशिशें करता हूँ हर बार जोड़कर हौसलों का तार-तार
कि कहीं एक लम्हा जी लूँ ताकि लगे कुछ तो है जहाँ
में मेरे लिए
पर हालातों के तूफ़ान में उड़ा कर हर एक कोशिश को
बिखेर देती है ये हौसलें को हर बार
एक कतरा भी इस जहाँ से ये हमें पीने नहीं देती
दुश्मनी सी है ज़िंदगी को हमसे, ज़िंदा तो रखे है पर
जीने नहीं देती

करें क्या, क्या न करें समझ कुछ आता नहीं
तरस-तरस कर हर पल यूँ जिया अब जाता नहीं
करता हूँ कोशिशें हर बार चढ़ाने को उम्मीदों का पहाड़
न जाने क्या कसर रह जाती है बार-बार

क्यों सब कुछ झोंक कर भी अपना मंज़िल को मैं पाता
नहीं
क्यों सफलता के धरातल पर किस्मत मेरा पैर तक
टिकने नहीं देती
दुश्मनी सी है ज़िंदगी को हमसे ज़िंदा तो रखे है पर
जीने नहीं देती

ये उदासी, ये निराशा अब खा रही है मुझे
अंदर ही अंदर जैसे कचोटतीं जा रही है मुझे
क्या करूँ ऐसा की जोड़ दूँ इन कड़ियों को
क्या करूँ की बदल दूँ इन वक़्त की घड़ियों को
कि उठ कर इस निराशा के समुंदर से
छू लूँ सफलता का आसमान एक बार
पर ये असफलता हर बार कुचलती जा रही है मुझे
एक पल भी सम्मान का ये मुझे जीने नहीं देती
दुश्मनी सी है ज़िंदगी को हमसे ज़िंदा तो रखे हैं पर
जीने नहीं देती

मैं और मेरा साया

एक समय, एक मैं हूँ कहीं यादों में मेरी
जो अब गौर करने पे याद आता है
जब ख़ुशी दिल से चेहरे पे झलकती थी
जब ये आंखें दर्द से यूँ नहीं छलकती थी
जब किसी की यादों में यूँ नहीं खोया रहता था मैं
जब खुश था मैं अपनी छोटी सी दुनिया में
जब इन उलझनों से दूर चैन की नींद सोया करता था
मैं

जब रूबरू नहीं हुआ था मैं इन बेचैनियों से
जब इस चुभन ने दिल को छुआ नहीं था
जब किसी की यादों ने मुझे मेरे दिल से नहीं निकाला
था
जब इस दिल में जगह सिर्फ मेरे लिए थी
जब तक टूटा नहीं दिल इन चाहतों में
जब तक इस दिल की दुनिया से नाता जुड़ा नहीं था

जब तक ज़िम्मेदारियों ने कंधे नहीं झुकाए थे मेरे
जब तक बचपना मेरा गया नहीं था
जब तक हौसलें बरक़रार थे मेरे
जब तक दुनिया से पाला मेरा पड़ा नहीं था
जब तक मन उम्मीदों से भरा रहता था
जब तक टुकड़ो में मैं यूँ रोज़ कतरा-कतरा मरा नहीं
था

जब तक ज़िंदा थी मेरे अंदर ख़्वाहिशें मेरी
जब तक दर्द ने मेरे दिल को छुआ नहीं था
जब तक मैं दूर था इन बेवजह की उलझनों से
जब तक मैंने अपने सपनों का दहन किया नहीं था
अब तो कहीं बस एक याद हैं उस साये की मेरे अंदर
लगता है जैसे किसी दूसरे जनम की बात है वो
जब तक दाह संस्कार मैंने उस मेरे ही साये का किया
नहीं था

मुस्कराहट

कितनी उदासी छुपाये है ये मुस्कुराहट ये अंदाज़ा
किसी को कहाँ है
कितनी बेबसी, कितनी बेचैनियों को दबा रखा है
कितने अनकहे एहसासो को छुपा रखा है
कितनी अनकही बातें हैं जो सुन नहीं पाता कोई
कितनी बेचैन रातें हैं जो देख नहीं पाता कोई
कितने लम्हे हैं जो हमने दर्द में गुज़ारे हैं
कितने लोग हैं जिनके लिए हम पराये हैं पर वो फिर
भी हमारे हैं

कितने एहसास छटपटाते हैं दिल के अँधेरे कोनो में
कितने अरमान हैं जो इस बेबसी ने मारे हैं
कितनी चिताएं जलती हैं दिल में सपनो की
कितना कुछ छुपाते हैं दुनिया को कहाँ बताते हैं
तड़पते हैं अकेलेपन में बचकर सबकी नज़रो से
दुनिया के सामने तो खुद को खुश ही दिखाते हैं

कितनी बार राते जाग-जाग कर गुज़ारी हैं
कितनी बार एहसासों को बिखरते देखा है
कितनी बार बिछड़ा है कोई ऐसा जिसे सब कुछ मान
रखा था दिल ने
कितनी बार अपने ही सामने खुद को मरते देखा है
उन पलों उन लम्हो की तड़प चेहरे से बयां नहीं होती
उन सब एहसासों को कितनी गहराईयों में दिल की
छुपा रखा है

दर्द जितना ज़्यादा हुआ है मुस्कराहट उतनी ज्यादा
दिखाई है
इस मुस्कराहट के पीछे दर्द की दुनिया छुपाई है
शांत चेहरे की पीछे कितने तूफ़ान हैं
सख़्त लहज़े के पीछे कितने नरम एहसास हैं
कितनी ठोकरे मिली है किस्मत से
कितनी बार पलकों में आते आंसुओं को
ढका है अपनी बेजान मुस्कराहट से ये अंदाजा किसी
को कहाँ है

दो दुनिया

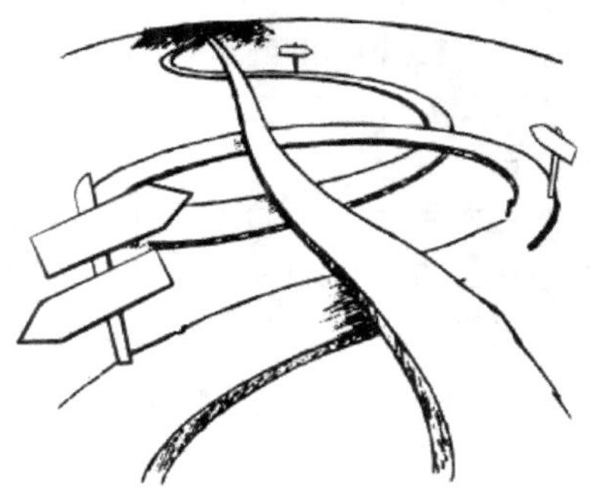

अमीरी देखी है उस गरीब की आँखों में मैंने
जो दिन रात मेहनत-मजदूरी करता है
खून-पसीना बहा कर जो अपने परिवार का पेट भरता
है
हर एक रोटी के लिए वो किस्मत से लड़ाई लड़ता है
झेलता है जो दिन रात कठिनाईओं को
पर जब खाने बैठता है तो पहला टुकड़ा भगवान को
अर्पण करता है

मजबूर आँखों से देखता है वो दुनिया
जैसे कोई चलचित्र हो सिनेमा का
जो मन तो ललचाता है देखने वाले का
पर वो उसका हिस्सा नहीं हो सकता
ऐसे ही देखता है वो भी दुनिया को दूर से
पर किरदार नहीं मिलता इस दुनिया में उसे
भागदौड़ भले वो दिन रात करता है

भले सोता है वो खुले आकाश के नीचे
ठिठुरती ठण्ड में और तपती गर्मी में
उम्मीद की चमक उसकी आँखों में बरक़रार दिखती है
उसके कमज़ोर शरीर के अंदर हौसलों की मजबूत
दीवार दिखती है
ईमानदारी का दामन फिर भी थाम रखा है उसने
भले ही एक समय का पेट भरने के लिए वो रोज
कश्मकश करता है

खालीपन

भले बाकी न रहा कुछ भी अब मुझमें कहीं
वो अब भी यूँही बरक़रार है मुझमें
यूँ तो उसे देखा नहीं है एक ज़माने भर से मैंने
पर उसका चेहरा आँखों के सामने ही रहता है
हर शख़्स में एक उसी को ढूंढ़ती है ये आँखें
मेरी चाहतें इस कदर बेक़रार है मुझमें

अब उम्मीद नहीं किसी से कुछ भी करता दिल
अब ख़ुशी या ग़म महसूस नहीं होता
अब किसी के आने का इंतज़ार नहीं रहा
अब दिल किसी भी ख्याल से टस से मस नहीं होता
पर उसके साये से ये दिल निकला नहीं आज भी
उसका यादों का एहसास आज भी यूँही हर बार है
मुझमें

मैं उसको भूलकर आगे बढ़ नहीं सकता
उसकी यादें पीछा छोड़ती नहीं मेरा

वो जुदा भले एक ज़माने से है, भले उसकी दुनिया अब
अलग हो मुझसे
पर वो शामिल इस तरह हो चुका था मेरे होने में
कि उसके जाने के बाद उसकी जगह उसकी यादों ने ले
ली
कि उसे न सोचूँ तो ये खालीपन कचोटता बार-बार है
मुझमें

दो रास्ते

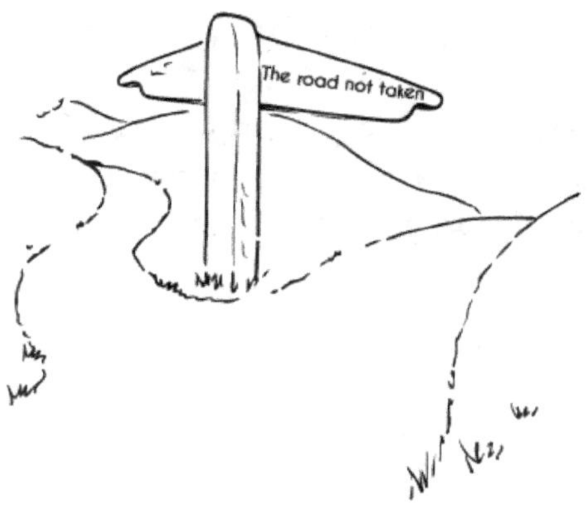

एक कश्मकश है जो साथ खुद के चलती ही रहती है
ज़िंदगी उन्ही पुराने सांचों में ढलती ही रहती है
खुद से ही खुद की लड़ाई जारी है आज भी
ये सर्द हवाएं रात भर चलती ही रहती हैं

एक हिस्सा है मेरा जो हर पल उसकी तलाश में रहता
है
एक हिस्सा है जो उसे देखते ही रास्ता बदलता है
यूँ तो शामिल सा है वो जीवन के हर पल में
फिर एक हिस्सा है जो उसके ख्वाबों तक के साथ सोने
नहीं देता

मेरी आँखें पीछा करती है उसका वो जहाँ भी जाता है
एक हिस्सा है जो उसके पलटते ही नज़रें घुमा लेता है
चाहत है कि वो मुझे ही चाहे बस इस पूरी दुनिया में

फिर एक हिस्सा है जो इन चाहतों को उससे कहने से
डरता है

उसको एक पल न देखें तो तबियत जैसे वीरान रहती
है
ये सारी दुनिया, ये ज़िंदगी जैसे बेजान रहती है
वो बस पहलू में बैठा रहे कभी दूर न हो मुझसे
फिर एक हिस्सा है जो उसके सामने आने तक से
डरता है

चुभन

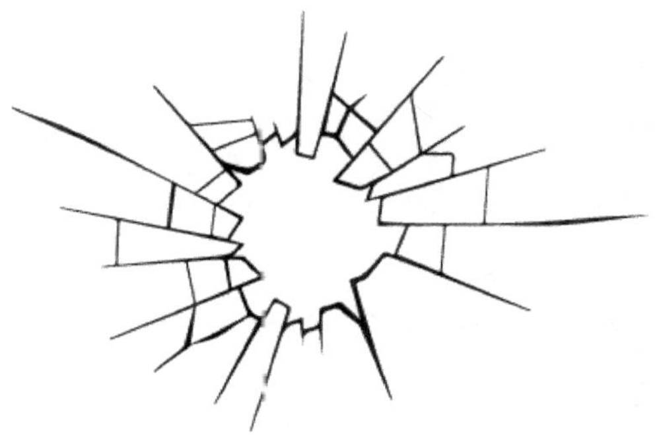

शब्द बयां कहाँ कर सकते हैं
दिल में जो भावनाओं का सैलाब दबाया है
इतनी गहराइयों में छुपा दिया है तुम्हें दिल की
कि अब तो गौर करने पे तेरा एक किस्सा याद आया है

तुझे भुलाने की कोशिश में इतना खो गए थे हम
कि किसी के याद दिलाने पे अभी ज़िंदा हैं ये याद
आया हैं
वो टीस तेरे चले जाने को दबाने में लगे रहे
अंजाम ये है कि आज गौर करने से अपना नाम याद
आया है

अब बचाने को कहाँ कुछ है जो कोशिश भी करें
अब तो ज़िंदगी में बस वीरानियों का साया है
एक अरसे से खुद को अपने अंदर महसूस तक नहीं
किया

अब तो बस ख़ामोशी है और किसी बेजान पड़ चुके दौर
का साया है

उम्मीद

देखा था उसको अपनी ज़िंदगी से जाते
कुछ और देखने की तबसे ख्वाहिश ही छूट गई
उसी को मान कर बैठे थे सहारा ज़िंदगी का
उसके जाने के बाद जैसे जीने की हसरत सी टूट गई

उसी पे रूकती थी हर सोच आ के हमारी
उस के बाद हमसे जैसे हर सोच रूठ गई
उसको देखे बिना दिन शुरू नहीं होता था
उसके बाद जैसे हर सुबह हमारी कहीं गुम सी गई

वैसे तो अब भी कुछ नहीं बदला सब ऐसे ही है
पर अब सालों से दिल में कोई उम्मीद की किरण नहीं
जगी
अब हंसी और किसी ख़ुशी से वास्ता नहीं है हमारा
जैसे उसके जाते ही सब अरमानों की चिता जल सी
गई

www.ingramcontent.com/pod-product-compliance
Lightning Source LLC
LaVergne TN
LVHW010832200726
843508LV00012B/2563